A Rhian Holland

SAGITARIO

Una guía para la mejor vida astrológica

STELLA ANDROMEDA

ILUSTRACIONES DE EVI O. STUDIO

cincotintas

III.

Quiero saber más

Introducción

En el pronaos del templo de Apolo en Delfos había una inscripción con la frase «Conócete a ti mismo». Se trata de una de las ciento cuarenta y siete máximas, o normas de conducta, de Delfos y se le atribuyen al propio Apolo. Más adelante, el filósofo Sócrates amplió la idea y afirmó que «una vida sin examen no merece ser vivida».

Las personas buscamos el modo de conocernos a nosotras mismas y de encontrar sentido a la vida e intentamos entender los retos que plantea la existencia humana; con frecuencia, recurrimos a la psicoterapia o a sistemas de creencias, como las religiones organizadas, que nos ayudan a entender mejor la relación que mantenemos con nosotros mismos y con los demás y nos ofrecen herramientas concretas para conseguirlo.

Si hablamos de los sistemas que intentan dar sentido a la naturaleza y a la experiencia humanas, la astrología tiene mucho que ofrecernos mediante el uso simbólico de las constelaciones celestes, las representaciones de los signos zodiacales, los planetas y sus efectos energéticos. A muchas personas les resulta útil acceder a esta información y aprovechar su potencial a la hora de pensar en cómo gestionar su vida de un modo más eficaz.

¿Qué es la astrología?

En términos sencillos, la astrología es el estudio y la interpretación de la influencia que los planetas pueden ejercer sobre nosotros y sobre el mundo en el que vivimos mediante el análisis de sus posiciones en un punto temporal concreto. La práctica de la astrología se basa en una combinación de conocimientos fácticos acerca de las características de esas posiciones y la interpretación psicológica de las mismas.

La astrología es más una herramienta para la vida que nos permite acceder a sabiduría antigua y consolidada que un sistema de creencias. Todos podemos aprender a usarla, aunque no tanto como herramienta para adivinar o ver el futuro, sino como una guía que nos ofrece un conocimiento más profundo y una manera más reflexiva de entender la vida. La dimensión temporal es clave en astrología y conocer las configuraciones planetarias y las relaciones entre ellas en puntos temporales concretos puede ayudarnos a decidir cuál es el momento óptimo para tomar algunas de las decisiones importantes en nuestra vida.

Saber cuándo es probable que ocurra un cambio significativo en nuestras vidas como consecuencia de configuraciones planetarias específicas, como el retorno de Saturno (p. 103) o la retrogradación de Mercurio (p. 104), o entender qué significa que Venus esté en nuestra séptima casa (pp. 85 y 98), además de conocer las características específicas de nuestro signo zodiacal, son algunas de las herramientas que podemos usar en nuestro beneficio. El conocimiento es poder y la astrología puede ser un complemento muy potente a la hora de enfrentarnos a los altibajos de la vida y a las relaciones que forjamos por el camino.

Los 12 signos zodiacales

Cada uno de los signos del Zodíaco tiene unas características que lo identifican y que comparten todas las personas que han nacido bajo él. El signo zodiacal es tu signo solar, que probablemente conoces, ya que acostumbra a ser el punto desde el que empezamos a explorar nuestros senderos astrológicos. Aunque las características del signo solar pueden aparecer de un modo muy marcado en la personalidad, solo ofrecen una imagen parcial de la persona.

La manera como nos mostramos ante los demás acostumbra a estar matizada por otros factores que merece la pena tener en cuenta. El signo ascendente también es muy importante, al igual que la ubicación de nuestra Luna. También podemos estudiar nuestro signo opuesto, para ver qué características necesita reforzar el signo solar para quedar más equilibrado.

Una vez te hayas familiarizado con tu signo solar en la primera parte del libro, puedes pasar al apartado Quiero saber más (pp. 74-105) para empezar a explorar las particularidades de tu carta astral y sumergirte más profundamente en la miríada de influencias astrológicas que pueden estar influyéndote.

Los signos solares

La tierra necesita 365 días (y cuarto, para ser exactos) para completar la órbita alrededor del Sol y, durante el trayecto, nos da la impresión de que cada mes el Sol recorre uno de los signos del Zodíaco. Por lo tanto, tu signo solar refleja el signo que el Sol estaba atravesando cuando naciste. Conocer tu signo solar, así como el de tus familiares, amigos y parejas, no es más que el primero de los conocimientos acerca del carácter y de la personalidad a los que puedes acceder con la ayuda de la astrología.

En la cúspide

Si tu cumpleaños cae una fecha próxima al final de un signo solar y al comienzo de otra, vale la pena saber a qué hora naciste. Astrológicamente, no podemos estar «en la cúspide» de un signo, porque cada uno de ellos empieza a una hora específica de un día determinado, que, eso sí, puede variar ligeramente de un año a otro. Si no estás seguro y quieres saber con exactitud cuál es tu signo solar, necesitarás conocer la fecha, la hora y el lugar de tu nacimiento. Una vez los sepas, puedes consultar a un astrólogo o introducir la información en un programa de astrología en línea (p. 108), para que te confeccione la carta astral más precisa que sea posible.

Tauro

El toro

✴

21 ABRIL - 20 MAYO

Tauro, con los pies en la tierra, sensual y aficionado a los placeres carnales, es un signo de tierra fijo al que su planeta regente, Venus, ha concedido la gracia y el amor por la belleza a pesar de que su símbolo sea un toro. Acostumbra a caracterizarse por una manera de entender la vida relajada y sin complicaciones, si bien terca a veces, y su signo opuesto es el acuático Escorpio.

Aries

El carnero

✴

21 MARZO - 20 ABRIL

Astrológicamente, es el primer signo del Zodíaco y aparece junto al equinoccio vernal (o de primavera). Es un signo de fuego cardinal simbolizado por el carnero y el signo de los comienzos. Está regido por el planeta Marte, lo que representa dinamismo para enfrentarse a los retos con energía y creatividad. Su signo opuesto es el aéreo Libra.

Géminis

Los gemelos

✶

20 MAYO – 20 JUNIO

Géminis es un signo de aire mutable
simbolizado por los gemelos.
Siempre intenta considerar las dos
caras de un argumento y su ágil
intelecto está influido por Mercurio,
su planeta regente. Tiende a eludir
el compromiso y es el epítome
de una actitud juvenil. Su signo
opuesto es el ardiente Sagitario.

Cáncer

El cangrejo

✶

21 JUNIO – 21 JULIO

Representado por el cangrejo y la
tenacidad de sus pinzas, Cáncer
es un signo de agua cardinal,
emocional e intuitivo que protege
su sensibilidad con una coraza.
La maternal Luna es su regente y
la concha también representa la
seguridad del hogar, con el que
está muy comprometido. Su signo
opuesto es el terrestre Capricornio.

Virgo

La virgen

✶

22 AGOSTO – 21 SEPTIEMBRE

Virgo, representado tradicionalmente por una doncella o una virgen, es un signo de tierra mutable, orientado al detalle y con tendencia a la autonomía. Mercurio es su regente y lo dota de un intelecto agudo que puede llevarlo a la autocrítica. Acostumbra a cuidar mucho de su salud y su signo opuesto es el acuático Piscis.

Leo

El león

✶

22 JULIO – 21 AGOSTO

Leo, un signo de fuego fijo, está regido por el Sol y adora brillar. Es un idealista nato, positivo y generoso hasta el extremo. Representado por el león, Leo puede rugir orgulloso y mostrarse seguro de sí mismo y muy resuelto, con una gran fe y confianza en la humanidad. Su signo opuesto es el aéreo Acuario.

Escorpio

El escorpión

✳

22 OCTUBRE – 21 NOVIEMBRE

Como buen signo de agua fijo, Escorpio es dado a las emociones intensas y su símbolo es el escorpión, que lo vincula así al renacimiento que sigue a la muerte. Sus regentes son Plutón y Marte y se caracteriza por una espiritualidad intensa y emociones profundas. Necesita seguridad para materializar su fuerza y su signo opuesto es el terrestre Tauro.

Libra

La balanza

✳

22 SEPTIEMBRE – 21 OUTUBRE

Libra, un signo aéreo cardinal regido por Venus, es el signo de la belleza, del equilibrio (de ahí la balanza) y de la armonía en un mundo que idealiza y al que dota de romanticismo. Con su gran sentido de la estética, Libra puede ser artístico y artesanal, pero también le gusta ser justo y puede ser muy diplomático. Su signo opuesto es el ardiente Aries.

Sagitario

El arquero

★

22 NOVIEMBRE - 21 DICIEMBRE

Representado por el arquero, Sagitario es un signo de fuego mutable que nos remite a los viajes y a la aventura, ya sea física o mental, y es muy directo. Regido por el benévolo Júpiter, Sagitario es optimista y rebosa de ideas. Le gusta la libertad y tiende a generalizar. Su signo opuesto es el aéreo Géminis.

Capricornio

La cabra

★

22 DICIEMBRE - 20 ENERO

Capricornio, cuyo regente es Saturno, es un signo de tierra cardinal asociado al esfuerzo y representado por la cabra, de pisada firme pero a veces también juguetona. Es fiel y no rehúye el compromiso, aunque puede ser muy independiente. Tiene la disciplina necesaria para una vida laboral como autónomo y su signo opuesto es el acuático Cáncer.

Piscis

Los peces

✶

20 FEBRERO - 20 MARZO

Piscis tiene una gran capacidad para adaptarse a su entorno y es un signo de agua mutable representado por dos peces que nadan en direcciones opuestas. A veces confunde la fantasía con la realidad y, regido por Neptuno, su mundo es un lugar fluido, imaginativo y empático, en el que acostumbra a ser sensible a los estados de ánimo de los demás. Su signo opuesto es el terrestre Virgo.

Acuario

El aguador

✶

21 ENERO - 19 FEBRERO

A pesar de que estar simbolizado por un aguador, Acuario es un signo de aire fijo regido por el impredecible Urano, que arrasa con las ideas viejas y las sustituye por un pensamiento innovador. Tolerante, de mente abierta y humano, se caracteriza por la visión social y la conciencia moral. Su signo opuesto es el ardiente Leo.

Conoce a

I.

Sagitario

El signo que el Sol estaba recorriendo en el momento en el que naciste es el punto de partida clave a la hora de usar el Zodíaco para explorar tu carácter y tu personalidad.

Signo de fuego mutable, simbolizado por el arquero y por el centauro (mitad hombre, mitad caballo).

Regido por Júpiter, el monarca de los cielos y asociado a la buena suerte y a la abundancia.

SIGNO OPUESTO
Géminis

LEMA PERSONAL
«Yo veo.»

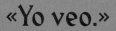

Color

El color de Sagitario es el de la realeza, el púrpura, como corresponde al monarca celeste. Lleva ropa con distintos tonos de púrpura, ya sean oscuros o claros como el lavanda, cuando necesites un empujoncito psicológico o infundirte valor. Si no quieres parecer ostentoso o llevar un color tan intenso, opta por incluirlo en los accesorios (zapatos, guantes, calcetines, sombrero o incluso ropa interior).

Día

El día de Sagitario es el jueves, que deriva del latín *dies Iovis*, es decir, 'día de Júpiter', planeta que lo rige. En inglés (*Thursday*), este día se asocia a Thor, el dios del trueno, que ejerce un papel similar al de Júpiter como gobernante celeste.

Piedra preciosa

La gema de Sagitario es la turquesa, considerada desde la antigüedad un talismán para reyes, chamanes y guerreros por su capacidad para atraer el amor y proteger del peligro a los viajeros. También une el reino celestial con los habitantes de la Tierra.

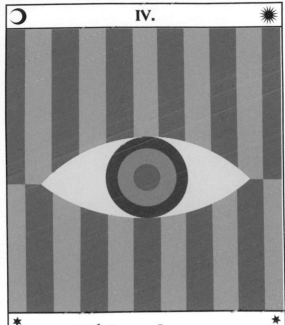

Ubicaciones

Australia, el hogar de las grandes distancias, conecta con el anhelo de Sagitario por paisajes sin límites visuales. España, el hogar de conquistadores antiguos y de viajeros modernos, también encaja con la energía de Sagitario, y Hungría es otro de los destinos que sintonizan con el arquero. Algunas ciudades son Acapulco, Stuttgart, Nápoles y Nottingham.

Vacaciones

Cualquier lugar donde un caballo pueda cabalgar en libertad, tanto literal como metafóricamente, atraerá a Sagitario, por lo que hacer senderismo en los montes Drakensberg de Sudáfrica, recorrer el Distrito de los Lagos en el Reino Unido o emprender el Sendero de la Cresta del Pacífico en Estados Unidos pueden ser vacaciones ideales para el arquero. No es muy probable que le apetezca pasar unos días en estado semicomatoso en la playa a no ser que pueda incluir momentos de actividad.

Flores

El humilde diente de león, que simboliza al refulgente Sol,
es una de las flores de Sagitario, al igual que el narciso de
corona dorada.

VII.

Árboles

El poderoso roble, símbolo de la sabiduría, refleja la faceta más filosófica de Sagitario. El abedul también es un símbolo de sabiduría antigua al tiempo que parece gozar de una juventud eterna.

Mascotas

El caballo es la mascota ideal de Sagitario, si no en la vida real al menos en sus sueños. Aunque no pueda tener uno, es probable que quiera aprender a montar.

IX.

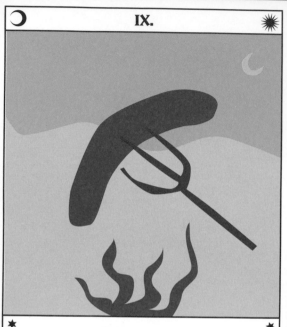

Fiestas

Sagitario estará encantado de viajar para acudir a una fiesta
y será el primero en subir a un avión para participar en una
rave de 24 horas y luego hacer acto de presencia en el trabajo
con los ojos enrojecidos. Dicho esto, si organiza su propia
fiesta, lo más probable es que se trate de una barbacoa
improvisada y no de un acontecimiento elegante que ha
requerido seis meses de planificación. Le gustan los cócteles
que propinan una buena coz, por lo que un Old Fashioned
con bourbon y jengibre es una buena opción.

Las características de Sagitario

La libertad de mente, cuerpo y alma es fundamental para Sagitario y esta característica determina en gran medida cómo entiende la vida, que aborda con una actitud muy positiva. Irradia positividad, porque en su mundo todo y cualquier cosa es posible: es absolutamente optimista en relación con las posibilidades que ofrece la vida y, de algún modo, parece que esta actitud le abre puertas (entre otras cosas, porque es muy difícil resistirse a su positivismo).

Esto hace que Sagitario sea una compañía muy atractiva, aunque tiene el inconveniente de que no acostumbra a quedarse demasiado tiempo en el mismo sitio. La libertad de espíritu puede hacer que el arquero se muestre muy inquieto y esté en una búsqueda constante de ideas, personas y lugares nuevos. Además, esta independencia viene acompañada de curiosidad y del deseo de aprender. Las flechas que el arquero dispara al aire simbolizan el anhelo de alcanzar un conocimiento superior.

Sagitario es, en esencia, el signo del explorador y del filósofo y lanzará esas ideas metafóricas con el arco, para a continuación correr tras ellas y averiguar dónde han aterrizado. Por eso, presenta una combinación interesante de instinto animal y pensamiento ilustrado. Cualquier cosa puede ser la chispa

...a el fuego de su curiosidad intelectual. ¿El mítico ...leno de monedas de oro al final del arcoíris? En cuanto ...e el arcoíris, Sagitario sale por la puerta corriendo para ...ntar averiguar si el caldero existe de verdad o no, al menos ...etafóricamente hablando.

Aunque puede ser muy buena compañía, amable y jovial, a veces es tan gregario que cuesta seguirle el ritmo. No es superficial, pero es probable que la única manera de llamar su atención sea asegurarse de ser visto (probablemente fue un Sagitario quien dijo «ojos que no ven, corazón que no siente») y, aunque es capaz de retomar una amistad allá donde la dejó, puede que a los demás no les resulte tan sencillo. Y esto desconcierta al arquero, que no desea herir los sentimientos de nadie. De todos modos, tampoco le dará muchas vueltas, porque rápidamente habrá pasado a lo siguiente en su agenda.

La actitud despreocupada que caracteriza a Sagitario significa que, en ocasiones, son los demás los que tienen que recoger los pedazos mientras el arquero se marcha en pos del siguiente gran plan y deja trabajos a medias, plazos de entrega incumplidos y citas olvidadas. No acostumbra a disculparse ni a dar explicaciones, lo que puede irritar a las personas más serias, pero su inagotable entusiasmo y su voluntad de arreglar las cosas también puede ablandar los corazones más duros. De todos modos, a lo largo del camino va aprendiendo algunos elementos de lo que significa ser responsable y acostumbra a ser el primero en ofrecer ayuda o en hacerle un favor a un amigo. Tiene un corazón enorme, por lo que casi nunca deja en la estacada a sus amigos... ¡a no ser que algo lo distraiga temporalmente, claro está!

TEMPLAR EL FUEGO

Las características clave de cualquier signo Solar se pueden ver equilibradas (y en ocasiones reforzadas) por las características de otros signos en la misma carta astral, sobre todo los que corresponden al ascendente y a la Luna. Eso explica que pueda haber personas que aparentemente no acaban de encajar en su signo solar. Sin embargo, los rasgos Sagitario básicos siempre estarán ahí como una influencia clave e informando el modo de entender la vida de la persona.

La parte física de Sagitario

Gracias a la solidez de su energía, Sagitario es uno de los signos más activos del Zodíaco y tiende a irrumpir en los espacios, buscando activamente algo que hacer y dispuesto a arrastrar a otros con la marea de su entusiasmo. Incluso cuando está físicamente inmóvil, su mente no parará de explorar posibilidades, como revelan con frecuencia sus ojos inquietos. Tanta actividad interna necesita encontrar una expresión externa y, en ocasiones, puede parecer algo torpe. Con frecuencia, el estilo de Sagitario puede parecer algo exagerado y su ropa atrevida y ostentosa, pero su aspecto general es muy atractivo. Teniendo todo esto en cuenta, lo cierto es que no acostumbra a pasar desapercibido.

Salud

Sagitario, representado por el mítico centauro, mitad hombre y mitad caballo, puede tener problemas con las piernas, sobre todo en la cadera y los muslos (a veces también en las rodillas), que soportan la carga de tanto trote. Aunque es un signo de gran fortaleza física, tiene facilidad para sufrir accidentes. El hígado puede ser otro de sus puntos débiles y cualquier exceso con la comida o la bebida puede darle problemas. Con un poco de sensatez y de la sabiduría que lo caracteriza, podrá evitar los problemas. De todos modos, no acostumbra a ser un signo que se preocupe y la mayoría de los problemas de salud tienden a ser físicos, no emocionales.

Ejercicio físico

Sagitario tiene una inclinación natural hacia la actividad, si no al ejercicio físico formal, que en su caso puede ser algo complicado. Sin embargo, hacer ejercicios específicos para reforzar los músculos que sostienen las articulaciones lo ayudará a prevenir problemas de cadera y en las piernas. Aunque es habitual que le guste correr, es duro para las articulaciones, por lo que debería compensarlo con Pilates o yoga. Muchos también optan por la equitación y se sienten felices en la silla, donde pueden sentir que son, literalmente, uno con su signo solar.

Cómo se comunica Sagitario

Extrovertido y entusiasta, Sagitario siempre está dispuesto a compartir y a debatir ideas, que desarrollará y ampliará a medida que habla, y avanzando y retrocediendo entre las mismas, con frecuencia a gran velocidad. Acompaña sus historias con mucha gesticulación e incluso interpretación, lo que a veces complica poder seguir el hilo. De todos modos, no te preocupes, porque es muy probable que para cuando lo hayas captado, ya haya pasado a lo siguiente. Sabe escuchar, pero solo si lo que se le dice le interesa de verdad: entonces será todo oídos, como un caballo alerta. Tiende a carecer de tacto, no porque sea deliberadamente desconsiderado, sino porque puede ser bastante torpe con sus respuestas. Sin embargo, su amabilidad sincera lo llevará a disculparse profusamente si se da cuenta de que ha herido los sentimientos de alguien sin querer. A algunos Sagitarios les iría bien aprender a detenerse unos instantes para activar el cerebro antes de abrir la boca.

La carrera profesional de Sagitario

Dada su naturaleza entusiasta y extrovertida, cualquier profesión que entrañe estar de cara al público encajará bien con Sagitario, sobre todo en ámbitos como los medios de comunicación, publicidad, ventas o marketing. Es versátil, le resulta fácil captar y desarrollar varias ideas a la vez y dar con soluciones muy creativas, así como formular maneras innovadoras de promover ideas que captan a la perfección el espíritu de los tiempos. Todo esto es estupendo, pero también es cierto que Sagitario es más un signo de ideas que de acción: debe ser consciente de ello y aprender a delegar o a colaborar estrechamente con su equipo si quiere obtener los mejores resultados.

La imaginación es otro de sus puntos fuertes, por lo que se sentirá atraído por muchas de las actividades creativas, ya se trate de escribir, pintar, actuar o rodar películas, porque le encanta comunicar sus ideas. La enseñanza, donde la clave reside en inspirar la mente de otros y transmitir el amor por las ideas, también es un excelente foco para el talento comunicativo de Sagitario. Del mismo modo, ser entrenador de deportes o *coach* de vida encaja con su capacidad para unir el cuerpo y la mente. Para terminar, este gran espíritu viajero puede encontrar su hogar en el sector del turismo, como agente o escritor de viajes, para ayudar a otros a explorar y expandir sus horizontes y sus mentes.

La compatibilidad de Sagitario

Ya hablemos de amor o de amistad, ¿cómo se lleva Sagitario con los otros signos? Conocer a otros signos y cómo interactúan entre ellos puede resultar útil a la hora de gestionar relaciones, porque nos ayuda a entender qué características de los signos solares armonizan o chocan entre sí. Si adoptamos un punto de vista astrológico, nos resultará más fácil despersonalizar las posibles fricciones y suavizar lo que parece estar en oposición.

A veces, armonizar las relaciones puede ser complicado para Sagitario, que con frecuencia sale al galope en cuanto percibe demasiada intensidad. Sin embargo, las compatibilidades concretas dependerán del resto de influencias planetarias en su carta astral, que matizarán o intensificarán distintos aspectos de las características del signo solar, sobre todo las que, en ocasiones, pueden chocar con otros signos.

La mujer Sagitario

A veces, es posible identificar inmediatamente a la mujer Sagitario por el modo en que ladea la cabeza y abre las fosas nasales, como si olfateara nuevas aventuras, dispuesta a salir trotando dejando un rastro de admiradores a su paso. Es coqueta por naturaleza y nada consciente del efecto que ejerce sobre los demás, por lo que lo mejor que puede hacer quien quiera ser su pareja es acompañarla en sus viajes hasta hacerse imprescindible para ella.

MUJERES SAGITARIO DESTACADAS

Jane Austen viajó por las mentes de otros mediante sus libros y la cantante Edith Piaf se comunicaba con sus canciones. Julieta Venegas, Miley Cyrus y Taylor Swift despiertan admiración por la independencia de espíritu que demuestran en sus carreras profesionales, mientras que valientes mujeres Sagitario como Jane Fonda, Bette Midler o Judi Dench fueron pioneras y abrieron camino.

El hombre Sagitario

El hombre Sagitario es sociable por naturaleza y tiene muchos amigos, con los que acostumbra a quedar para practicar algún deporte, tomar una copa o, sencillamente, pasar un rato charlando. Todo el que esté interesado en él ha de ser consciente de ello y encontrar el modo de integrarse en el equipo, porque a veces mantiene a distancia a las personas que más lo quieren.

HOMBRES SAGITARIO DESTACADOS

Jimi Hendrix, Frank Sinatra, Alejandro Sanz, Alfonso Cuarón, Álex de la Iglesia y Brad Pitt han demostrado tener el espíritu independiente y diverso que, junto al encanto, caracteriza a Sagitario. Explorar sus carreras profesionales les resulta tan fácil como explorar relaciones, por lo que estos hombres desenvueltos pueden granjearse la reputación de ser inconstantes.

Sagitario y Aries

Estos dos signos comparten muchos intereses y encajan tanto intelectual como físicamente. A veces, la actitud algo más filosófica de Sagitario puede irritar a Aries y ambos tienen opiniones firmes y personalidades fuertes, pero ¡el sexo también es muy apasionado!

Sagitario y Tauro

Tauro necesita una organización y un control que incomodan a Sagitario, que al principio se puede sentir atraído por la naturaleza terrenal del toro. A largo plazo, Sagitario necesita variedad, independencia y diversión espontánea, lo que puede desequilibrar a esta pareja.

Sagitario y Géminis

La chispa del reconocimiento mutuo prende al instante entre estos dos, que comparten un ingenio rápido y una manera imaginativa de entender la vida y el amor que les permite divertirse a lo grande tanto fuera como dentro del dormitorio. Será bueno mientras dure, aunque sea poco, y se separarán como amigos.

Sagitario y Cáncer

La actitud desenfadada de Sagitario ante el amor choca con la necesidad de seguridad de Cáncer, aunque la sensualidad del cangrejo atrae al arquero al principio. Esto no basta para compensar y mantener el interés mutuo, aunque sí que pueden ser buenos amigos.

Sagitario y Leo

Aquí hay mucha sintonía: ambos aman la aventura, las relaciones sociales y la libertad, por lo que apenas hay discusión acerca de cómo pasar el rato. Además, la actitud desenfadada de Sagitario no choca con la tendencia de Leo a la grandiosidad. ¡Viva la felicidad!

Sagitario y Virgo

Tendrán muchísimas conversaciones sesudas, pero poco más. Con frecuencia, Sagitario siente que la necesidad de organización y la atención al detalle de Virgo reprimen su gusto por la libertad.

Sagitario y Escorpio

El posesivo e intenso Escorpio puede intrigar y seducir físicamente a Sagitario al principio, pero luego resultará abrumador y Sagitario no tardará en seguir su instinto y escapar de las discusiones constantes. Complicado desde el principio.

Sagitario y Libra

Entre estos dos signos se establece una armonía inesperada, porque Libra se adapta con facilidad a la necesidad de exploración de Sagitario y le ofrece oportunidades lujosas para hacerlo, al tiempo que equilibra la necesidad emocional de libertad.

Sagitario y Sagitario

La conexión entre dos iguales puede sacar lo mejor de ambos... o lo peor. Aunque está muy bien amar la libertad, si quieren ascender el primer peldaño tendrán que caminar en la misma dirección, por lo que es posible que acaben más como hermanos que como amantes.

Sagitario y Acuario

Esta combinación ofrece buenas posibilidades, porque ambos signos tienen una faceta muy imaginativa, creativa y extrovertida y no intenturán atarse mutuamente. Por eso, quizás tarden un poco en comprometerse y prefieran empezar como amigos, pero el fuego lento puede ser tan excitante como las llamaradas.

Sagitario y Piscis

La intensa energía y la naturaleza exploradora de Sagitario resultan muy atractivas para el soñador Piscis. Sin embargo, el arquero se acaba sintiendo atado por tanta emoción y puede acabar resentido por la pérdida de libertad percibida.

Sagitario y Capricornio

La faceta compulsivamente social de Sagitario es un verdadero misterio para Capricornio, que es más bien solitario y espera que el compromiso haga acto de presencia en la relación desde el minuto uno. Ambos tienen aspiraciones muy elevadas, pero tienden a ser tan distintas que apenas son compatibles.

La escala del amor de Sagitario

Menos compatible

Escorpio Capricornio Cáncer Piscis Tauro Virgo

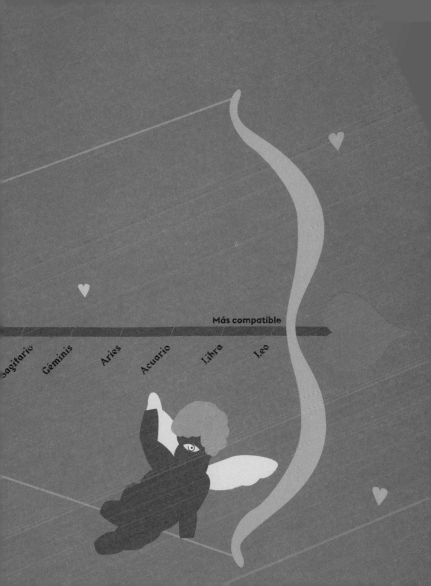

Más compatible

Sagitario Géminis Aries Acuario Libra Leo

en profundidad

En esta sección, profundizaremos en cómo puede estar impulsándote o reteniéndote tu signo solar y empezaremos a pensar en cómo puedes usar ese conocimiento para informar tu camino.

El hogar de Sagitario

Cabría pensar que un signo que no tiene demasiado interés en quedarse en casa no se preocupará demasiado de la misma. Sin embargo, Sagitario da mucha importancia al hogar aunque no sea lo que más sentimentalismo despierta en él. Es probable que contenga muchos artefactos recogidos durante sus viajes a tierras lejanas y que tenga una estantería llena de guías de viaje. También puede haber algún amigo durmiendo en el sofá, porque acostumbra a pensar que «mi casa es su casa», recibe a todos con los brazos abiertos y considera que un desconocido no es más que un amigo por conocer. ¿Lo vas pillando?

Sagitario es relajado, informal y generoso. No es quisquilloso con sus posesiones y tampoco invertirá en grandes lujos, ¿para qué? Además, si viaja con frecuencia serán sus invitados o las personas que le cuiden la casa quienes usen sus cosas. Sin embargo, aunque la casa de Sagitario pueda parecer algo descuidada, también será muy cómoda, con sofás grandes y mullidos, muchos cojines y una gran mesa en la cocina alrededor de la que sentarse y conversar hasta altas horas de la noche. Los colores pueden evocar el cielo turquesa de Santa Fe, la arcilla tostada al sol de México o las arenas de Kalahari, al menos en su imaginación inspirada en viajes.

TRES CONSEJOS PARA CUIDARSE

★ Aunque solo sea de vez en cuando, quédate un día en la cama y recupera horas de sueño.

★ No te olvides de los glúteos: hacer ejercicio con regularidad los tonificará y sostendrá la cadera.

★ Hidrátate para evitar que el nivel de energía caiga en picado.

Cuidados personales

Sagitario acostumbra a olvidarse de cuidar de sí mismo y, como tiende a saltar antes de mirar y a trabajar sin descanso, es propenso tanto a acabar quemándose como a sufrir accidentes: incluso las reservas de energía más sólidas necesitan renovarse de vez en cuando. Aunque bajar el ritmo no es algo natural para él, siempre ocupado persiguiendo las flechas que ha lanzado, esa es una buena manera de empezar a cuidarse. Hacer un poco de mantenimiento también lo mantendrá a salvo sobre la silla de montar hasta una edad avanzada.

Por suerte, Sagitario cuenta con la protección de Júpiter, el planeta de la buena suerte, y se recupera rápidamente a poco que lo intente. Es poco probable que se tome el tiempo necesario para darse un baño con aceites esenciales, pero pasar un día en un balneario con amigos ya es otra cosa. No suele tener problemas de sueño una vez está en la cama, pero le cuesta mantener un horario regular y el *jet lag* puede ser un problema, por lo que de vez en cuando quizás necesite recuperar horas de sueño. Descansar, hacer ejercicio suave, seguir una dieta equilibrada y comer con regularidad y dormir las horas suficientes dará resultado y le permitirá volver a correr libre de nuevo.

TRES IMPRESCINDIBLES EN LA DESPENSA DE SAGITARIO

★ Quinoa, que está cargada de proteínas y es uno de los cereales de cocción más rápida.

★ Olivas, para picar o añadir a platos de pasta, ensaladas o pizzas.

★ Plátanos, que aportan hidratos de carbono con rapidez y que puede añadir a yogures o congelar troceados para luego usarlos en batidos.

Sagitario: la comida y la cocina

A veces, Sagitario ni siquiera está seguro de dónde está la cocina, porque dedicar tiempo a comer es perder el tiempo: acostumbra a comer sobre la marcha y, muchas veces, la comida no es más que un medio para un fin.

Sin embargo, de vez en cuando (quizás si quiere impresionar a una cita), decide cocinar. Y es posible que invierta cierto esfuerzo de reflexión y planificación. Cuando no es así, suele limitarse a platos rápidos y cualquier cosa que se pueda preparar en menos de 10 minutos le irá bien. Pocas veces piensa con la antelación necesaria para asar una patata al horno... a no ser que se trate del microondas, claro. El Sagitario inteligente aprende a elaborar platos rápidos y nutritivos, ya sea añadiendo frutos secos y semillas a una ensalada, dándole vuelta y vuelta a un bistec fino o preparando un lomo de salmón a la plancha.

TRES CONSEJOS SOBRE EL DINERO

★ Por afortunado que te consideres, no te confíes e intenta vivir acorde con tus posibilidades.

★ Hay que pagar las facturas, así que acuérdate de reservar dinero para ello.

★ Especula, pero asegúrate calcular detenidamente los riesgos.

Cómo gestiona el dinero Sagitario

«Tan pronto como entra, sale» podría resumir el modo en que Sagitario gestiona el dinero. Y hay algo de cierto en ello, porque su seguridad en sí mismo y su carácter despreocupado lo llevan a pasar de una oportunidad de hacer dinero a la siguiente. Para muchos Sagitario, el dinero es un medio para un fin y no se sienten excesivamente apegados a él, por lo que no tienen necesidad de acumularlo. Mientras tenga suficiente para hacer lo que quiere, cree que para eso está, ya se trate de volar en primera clase o como mochilero, carretera abajo o alrededor del mundo.

Parece que ser capaz de detectar oportunidades va unido a estar dispuesto a asumir riesgos y a no preocuparse demasiado cuando las cosas no acaban de salir bien (en gran medida, porque normalmente sí que lo hacen): unas veces se gana y otras se pierde, ese podría ser otro de los lemas de Sagitario. Cree que, de un modo u otro, la siguiente aventura de éxito podría ser una oportunidad de negocio. Es generoso por naturaleza y le gusta compartir su buena suerte en todas sus caras, lo que puede promover el éxito financiero.

Sagitario y su jefe

Cuando decide ser encantador, Sagitario puede apañárselas muy bien en el lugar de trabajo, lo que puede ser un activo valioso. Sin embargo, ser capaz de encandilar al jefe no es suficiente y, antes o después, tendrá que cumplir lo prometido si no quiere evitar problemas serios. El Sagitario inteligente lo sabe y, como es sociable, acostumbra a trabajar bien en equipo y se le da bien inspirar y motivar a otros para que hagan el trabajo.

Sin embargo, la franqueza de Sagitario puede resultar algo problemática. A veces, el lugar de trabajo exige diplomacia, que no es precisamente el fuerte de este signo: tiene la alarmante costumbre de llamar la atención sobre (o meter la pata en) cualquier conducta hipócrita o dudosa, lo que en ocasiones desestabiliza a grupo. Decir la palabra equivocada en el momento más inoportuno puede exasperar al jefe y la situación puede acabar mal.

Sagitario es célebre por su capacidad para ver más allá de lo obvio y por su manera innovadora de resolver los problemas. En el empleo adecuado, esto puede resultar muy positivo. Sin embargo, debe aprender a contener sus ideas y a esforzarse en la práctica. Entonces será un empleado realmente bueno en el que el jefe podrá confiar completamente.

TRES CONSEJOS PARA TRATAR AL JEFE

★ Antes de presentar un plan nuevo a tu jefe, asegúrate de que cumple con lo que te ha pedido.

★ Pulsa de vez en cuando el botón de pausa para conectar con el jefe y con tus compañeros de equipo.

★ Usa agendas para evitar que se te olviden fechas límite importantes.

TRES CONSEJOS PARA UNA VIDA MÁS FÁCIL

* Para mantener la paz, acuerda cómo repartir las tareas domésticas y cumple el acuerdo.

* Opta por eventos sociales espontáneos. Si hay que planificar con demasiada antelación, te aburrirás.

* Haz saber a tus compañeros de piso que lo mejor es que te pidan explícitamente que les dediques tiempo o atención.

Vivir con Sagitario

Es fácil convivir con Sagitario, a quien le gusta vivir en comunidad. Sin embargo, también acostumbra a decidir pasar mucho tiempo fuera de casa, por ejemplo viajando por trabajo.

Esto no es un problema, a no ser que sus compañeros de piso o su pareja quieran más compromiso, ya se trate de que Sagitario cumpla con las tareas domésticas que le corresponden o de que pueda darles las buenas noches a los niños. La cara positiva de su impredictibilidad es que acostumbra a estar de buen humor y a ser buena compañía y, en cuanto sale el sol, empieza a pensar en cuál es la mejor manera de pasar el día. Además, invita a todo el mundo a que lo acompañen.

Vivir con Sagitario supone llegar a compromisos y el truco está en descubrir el tipo de compromiso que está dispuesto a adoptar. Aunque los intentos sutiles de hacerlo obedecer tienden a fracasar, hablar con él directamente acostumbra a facilitar las cosas. Es posible que la necesidad de tener que pedirle constantemente que haga las cosas vuelva loco a su compañero de piso o a su pareja, pero esa suele ser la única manera, porque lo más probable es que Sagitario se olvide de que hay basura que sacar a no ser que alguien se lo recuerde.

Sagitario
y las
rupturas

💔

Es posible que Sagitario piense que no pasa nada por salir galopando hacia el atardecer despidiéndose con un golpe de cola cuando rompe con una pareja, pero con frecuencia lo hace para defenderse, independientemente de que haya sido él o no quien ha instigado la ruptura. Y, aunque esto encaja con su reputación de veleta y de inconstante, dice mucho de cómo afronta el dolor: haciendo como si no existiera. Sin embargo, como cada nueva relación es una oportunidad para una nueva aventura, Sagitario es bastante fuerte y pronto estará buscando otros prados, aunque eso no significa que sea insensible. Sin embargo, lo que sí espera es poder seguir siendo amigo de su ex, algo que manifiesta directamente. Y se queda desconcertado cuando el otro no es de la misma opinión.

TRES CONSEJOS PARA UNA RUPTURA MÁS FÁCIL

* Aunque seas directo, no seas excesivamente franco acerca de los motivos de la ruptura.

* Recuerda que es necesario cierto tiempo para procesar las emociones antes de pasar página.

* Da tiempo suficiente a tu ex para que se recupere antes de intentar ser amigos.

Cómo quiere Sagitario que le quieran

Sagitario es honesto hasta el extremo y tiene una capacidad enorme para la aventura (además de la tendencia a salir huyendo de vez en cuando), pero piensa que todo el mundo es igual que él. Por lo tanto, tiende a enviar señales confusas y averiguar cómo quiere que le quieran puede resultar complicado. Lo que sí es seguro es que quiere que le quieran. Sagitario también espera que el amor sea escurridizo, algo que atisba en la distancia y que solo se encuentra tras una aventura o un viaje por caminos inexplorados. Y espera cazar y ser cazado; al fin y al cabo, esa es parte de la diversión en el amor, ¿verdad? Aunque por importante que sea la caza, se trata de una caza que lleva a un fin, ¿o no? Ese es el problema: Sagitario no siempre está seguro de ello.

Sagitario quiere que lo amen por su mente tanto como por cualquier otra cosa y valora mucho tener alguien con quien compartir las cosas y con quien hablar. De hecho, quererlo como amigo bien puede ser el primer paso para acercarse a Sagitario, aunque se dará cuenta si la aproximación no es genuina. Usar la amistad como argucia para echarle el lazo no funcionará, porque detecta las mentiras a distancia y, para él, lo importante es un compañerismo sólido. Tampoco le van mucho los juegos y no acostumbra a manipular las situaciones para hacerse el interesante, aunque... ¿quién ha dicho que no se pueda flirtear con los amigos? La realidad es que no parece que se tome el amor demasiado en serio, lo que puede enfurecer a su amante o pareja. Sin embargo, no es que esté jugando, es que él es así. Y, ciertamente, las cosas pueden resultar algo confusas (incluso para él).

De todos modos, y al igual que todo el mundo, Sagitario necesita sentirse amado y seguro, aunque no siempre lo demuestre. De hecho, su afán de independencia puede ser, en ocasiones, una defensa inconsciente para evitar la decepción o el dolor. No es que quiera que lo domen, porque no lo quiere, pero encontrar un lugar seguro en el que descansar la cabeza lo atrae tanto como los espacios abiertos. Estas aparentes contradicciones son más fáciles de entender si pensamos en la metáfora psicológica de su personalidad, el caballo. Amar a Sagitario puede ser profundamente gratificante si se comparte su pasión por el viaje y la aventura, ya sea con el cuerpo o con la mente.

TRES CONSEJOS PARA AMAR A SAGITARIO

* Concédele mucho espacio emocional: el amante Sagitario necesita espacios abiertos.

* La exploración mental y la buena conversación son muy importantes.

* La espontaneidad es vital: la rutina puede ser el beso de la muerte en esta relación.

La vida sexual de Sagitario

La actitud juguetona de Sagitario ante la vida llega también al dormitorio. El sexo es otra forma de comunicarse para el arquero y, al igual que sucede con una buena conversación, puede mutar y ser breve e ir directo al grano un día para tornarse largo y lánguido, coqueto, exploratorio, intenso, divertido... al siguiente; pero pocas veces se lo tomará muy en serio. Con frecuencia, concibe el sexo de un modo tan directo que puede pasar por alto su componente de conexión emocional, porque ya está pensando en la siguiente gran idea, plan o aventura. Todo esto contribuye a su reputación de signo veleidoso.

Sagitario tiene abundante energía sexual, pero en el fondo se toma las cosas con calma y no armará mucho lío a no ser que se trate de un gran evento romántico, como una fiesta de compromiso o un aniversario. Siempre habrá otro momento, ya sea con la persona con la que está ahora o con la siguiente. Lo que sí es seguro es que, como es tan alegre, considerado y tranquilo, acostumbra a ser un amante fantástico siempre que no se le pida más de lo que puede ofrecer emocionalmente.

Quiero

III.

saber

más

Tu signo solar nunca te ofrece
la imagen completa En este
apartado, aprenderás a leer
los matices de tu carta astral
y accederás a otro nivel de
conocimientos astrológicos.

Tu
carta
astral

Tu carta astral es una instantánea de un momento concreto, en un lugar concreto, en el preciso momento de tu nacimiento y, por lo tanto, es absolutamente individual. Es como un plano, un mapa o un certificado de existencia que plantea rasgos e influencias que son posibles, pero que no están escritos en piedra. Es una herramienta simbólica a la que puedes recurrir y que se basa en las posiciones de los planetas en el momento de tu nacimiento. Si no tienes acceso a un astrólogo, ahora cualquiera puede obtener su carta astral en línea en cuestión de minutos (en la p. 108 encontrarás una lista de sitios y de aplicaciones para ello). Incluso si desconoces la hora exacta de tu nacimiento, saber la fecha y el lugar de nacimiento basta para confeccionar las bases de una plantilla útil.

Recuerda que en astrología nada es intrínsecamente bueno ni malo y que no hay tiempos ni predicciones explícitas: se trata más de una cuestión de influencias y de cómo estas pueden afectarnos, ya sea positiva o negativamente. Y si disponemos de cierta información y de herramientas con las que abordar, ver o interpretar nuestras circunstancias y nuestro entorno, tenemos algo con lo que empezar.

Vale la pena que, cuando leas tu carta astral, entiendas todas las herramientas que la astrología pone a tu alcance; no solo los signos astrológicos y lo que cada uno de ellos representa, sino también los 10 planetas que menciona la astrología y sus características individuales, además de las 12 casas y lo que significan. Por separado, estas herramientas ofrecen un interés pasajero, pero cuando empieces a ver cómo encajan las unas con las otras y se yuxtaponen, la imagen global te resultará más accesible y empezarás a desentrañar información que te puede resultar muy útil.

Hablando en términos generales, cada uno de los planetas sugiere un tipo distinto de energía, los signos zodiacales proponen distintas maneras en que esa energía se puede manifestar y las casas representan áreas de experiencia en las que puede operar dicha manifestación.

Lo siguiente que debemos añadir son las posiciones de los signos en cuatro puntos clave: el ascendente y su opuesto, el descendente; y el medio cielo y su opuesto, el fondo del cielo, por no mencionar los distintos aspectos que generan las congregaciones de signos y planetas.

Ahora será posible ver lo sutil que puede llegar a ser la lectura de una carta astral, lo infinita que es su variedad y lo altamente específica que es para cada persona. Con esta información y una comprensión básica del significado simbólico y de las influencias de los signos, los planetas y las casas de tu perfil astrológico único, puedes empezar a usar estas herramientas para que te ayuden a tomar decisiones en distintos aspectos de la vida.

Cómo leer tu carta astral

Si ya tienes tu carta astral, ya sea manuscrita o por un programa en línea, verás un círculo dividido en 12 segmentos, con información agrupada en varios puntos que indican la posición de cada signo zodiacal, en qué segmento aparecen y hasta qué punto. Independientemente de las características relevantes para cada uno, todas las cartas siguen el mismo patrón a la hora de ser interpretadas.

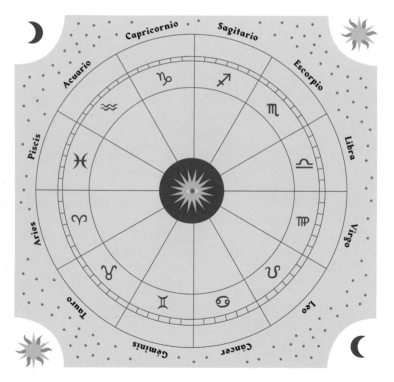

La carta astral se elabora a partir de la hora y el lugar de nacimiento y de la posición de los planetas en ese momento.

Si piensas en la carta astral como en una esfera de reloj, la primera casa (en las pp. 95-99 hablo de las casas astrológicas) empieza en el 9 y se sigue a partir de ahí en sentido antihorario, desde la primera casa hasta la duodécima, pasando por los 12 segmentos de la carta.

El punto inicial, el 9, es también el punto por el que el Sol sale en tu vida y te da el ascendente. Enfrente, en el 3 de la esfera del reloj, encontrarás el signo descendente. El medio cielo (MC) está en el 12 y su opuesto, el fondo del cielo (IC) está en el 6 (más información en las pp. 101-102).

Entender la importancia de las características de los signos zodiacales y de los planetas, de sus energías concretas, de sus ubicaciones y de sus relaciones entre ellos puede ayudarnos a entendernos mejor, tanto a nosotros mismos como a los demás. En nuestra vida cotidiana, la configuración cambiante de los planetas y de sus efectos también se entiende mucho mejor con un conocimiento básico de astrología y lo mismo sucede con las pautas recurrentes que unas veces refuerzan y otras entorpecen oportunidades y posibilidades. Si trabajamos con estas tendencias, en lugar de contra ellas, podemos hacer que nuestra vida sea más fácil y, en última instancia, más exitosa.

El efecto de la Luna

Si tu signo solar representa la conciencia, la fuerza vital y la voluntad individual, la Luna representa la faceta de tu personalidad que tiendes a mantener más oculta, o en secreto. Estamos en el territorio del instinto, de la creatividad y del inconsciente que, en ocasiones, nos llevan a lugares que nos cuesta entender. Esto es lo que otorga tanta sutileza y tantos matices a la personalidad, mucho más allá del signo solar. Es posible que tengas el Sol en Sagitario y todo lo que eso significa, pero eso puede verse contrarrestado por una Luna muy empática y emocional en Cáncer; o quizás tengas el Sol en el efusivo Leo, pero también la Luna en Acuario, con la rebeldía y el desapego emocional que eso supone.

Las fases de la Luna

La Luna orbita alrededor de la Tierra y tarda unos 28 días en dar una vuelta completa. Como vemos más o menos Luna en función de cuánta luz del Sol refleje, nos da la impresión de que crece y decrece. Cuando la Luna es nueva para nosotros, la vemos como un mero filamento. A medida que crece, refleja más luz y pasa de luna creciente a cuarto creciente y de ahí a luna gibosa creciente y a luna llena. Entonces, empieza a decrecer y pasa a gibosa menguante, luego a cuarto menguante, y vuelta a empezar. Todo esto sucede en el transcurso de cuatro semanas. Cuando tenemos dos Lunas llenas en un mes del calendario gregoriano, llamamos Luna azul a la segunda.

Cada mes, la Luna también recorre un signo astrológico, como sabemos por nuestras cartas astrales. Esto nos ofrece más información (una Luna en Escorpio puede ejercer un efecto muy distinto que una Luna en Capricornio) y, en función de nuestra carta astral, ejercerá una influencia distinta cada mes. Por ejemplo, si la Luna en tu carta astral está en Virgo, cuando la Luna astronómica entre en Virgo ejercerá una influencia adicional. Para más información, consulta las características de los signos (pp. 12-17).

El ciclo de la Luna tiene un efecto energético que podemos ver con claridad en las mareas oceánicas. Astrológicamente, como la Luna es un símbolo de fertilidad y, además, sintoniza con nuestra faceta psicológica más profunda, podemos usarla para centrarnos con mayor profundidad y creatividad en los aspectos de la vida que sean más importantes para nosotros.

Los eclipses

Hablando en términos generales, un eclipse ocurre cuando la luz de un cuerpo celeste queda tapada por otro. En términos astrológicos, esto dependerá de dónde estén el Sol y la Luna en relación con otros planetas en el momento del eclipse. Por lo tanto, si un eclipse solar está en la constelación de Géminis, ejercerá una influencia mayor sobre el Géminis zodiacal.

Que un área de nuestras vidas quede iluminada u oculta nos invita a que le prestemos atención. Los eclipses acostumbran a tener que ver con los principios y los finales y, por eso, nuestros antepasados los consideraban acontecimientos portentosos, señales importantes a las que había que hacer caso. Podemos saber con antelación cuándo ha de ocurrir un eclipse y están cartografiados astronómicamente; por lo tanto, podemos evaluar con antelación su significado astrológico y actuar en consecuencia.

Los 10 planetas

En términos astrológicos (no astronómicos, porque el Sol es en realidad una estrella), hablamos de 10 planetas y cada signo astrológico tiene un planeta regente. Mercurio, Venus y Marte rigen dos signos cada uno. Las características de cada planeta describen las influencias que pueden afectar a cada signo y toda esa información contribuye a la interpretación de la carta astral.

La Luna

Este signo es el principio opuesto del Sol, con el que forma una díada, y simboliza lo femenino, la contención y la receptividad, la conducta más instintiva y emotiva.

Rige el signo de Cáncer.

El Sol

El Sol representa lo masculino y simboliza la energía que da vida, lo que sugiere una energía paterna en la carta astral. También simboliza nuestra identidad, o ser esencial, y nuestro propósito vital.

Rige el signo de Leo.

Mercurio

Mercurio es el planeta de la comunicación y simboliza la necesidad de dar sentido, entender y comunicar nuestros pensamientos mediante palabras.

Rige los signos de Géminis y Virgo.

Venus

El planeta del amor tiene que ver con
la atracción, la conexión y el placer,
y en la carta de una mujer simboliza
su estilo de feminidad, mientras que
en la de un hombre representa a su
pareja ideal.

Rige los signos de Tauro y Libra.

Marte

Este planeta simboliza la energía
pura (por algo Marte era el dios de la
guerra), pero también nos dice en qué
áreas podemos ser más asertivos o
agresivos y asumir riesgos.

Rige los signos de Aries y Escorpio.

Saturno

En ocasiones, Saturno recibe el nombre de maestro sabio. Simboliza las lecciones aprendidas y las limitaciones, y nos muestra el valor de la determinación, la tenacidad y la fortaleza emocional.

Rige el signo de Capricornio.

Júpiter

Júpiter es el planeta más grande de nuestro sistema solar y simboliza la abundancia y la benevolencia, todo lo que es expansivo y jovial. Al igual que el signo que rige, también tiene que ver con alejarse de casa en viajes y misiones de exploración.

Rige el signo de Sagitario.

Urano

Este planeta simboliza lo inesperado, ideas nuevas e innovación, además de la necesidad de romper con lo viejo y recibir lo nuevo. Como inconveniente, puede indicar una dificultad para encajar y la sensación derivada de aislamiento.

Rige el signo de Acuario.

Plutón

Alineado con Hades (*Pluto*, en latín), el dios del inframundo o de la muerte, este planeta ejerce una fuerza muy potente que subyace a la superficie y que, en su forma más negativa, puede representar una conducta obsesiva y compulsiva.

Rige el signo de Escorpio.

Neptuno

Asociado al mar, trata de lo que hay bajo la superficie, bajo el agua y a tanta profundidad que no podemos verlo con claridad. Sensible, intuitivo y artístico, también simboliza la capacidad de amar incondicionalmente, de perdonar y olvidar.

Rige el signo de Piscis.

Los cuatro elementos

Si agrupamos los doce signos astrológicos según los cuatro elementos de tierra, fuego, aire y agua, accedemos a más información que, esta vez, nos remonta a la medicina de la antigua Grecia, cuando se creía que el cuerpo estaba compuesto por cuatro fluidos o «humores» corporales. Estos cuatro humores (sangre, bilis amarilla, bilis negra y flema) se correspondían con los cuatro temperamentos (sanguíneo, colérico, melancólico y flemático), las cuatro estaciones del año (primavera, verano, otoño e invierno) y los cuatro elementos (aire, fuego, tierra y agua).

Si las relacionamos con la astrología, estas cualidades simbólicas iluminan más las características de los distintos signos. Carl Jung también las usó en su psicología y aún decimos de las personas que son terrenales, ardientes, aéreas o escurridizas en su actitud ante la vida, mientas que a veces decimos que alguien «está en su elemento». En astrología, decimos que los signos solares que comparten un mismo elemento son afines, es decir, que se entienden bien.

Al igual que sucede con todos los aspectos de la astrología, siempre hay una cara y una cruz, y conocer la «cara oscura» nos puede ayudar a conocernos mejor y a determinar qué podemos hacer para mejorarla o equilibrarla, sobre todo en nuestras relaciones con los demás.

Aire

GÉMINIS ✳ LIBRA ✳ ACUARIO

Estos signos destacan en el terreno de las ideas. Son perceptivos, visionarios y capaces de ver la imagen general y cuentan con una cualidad muy reflexiva que los ayuda a destensar situaciones. Sin embargo, demasiado aire puede disipar las intenciones, por lo que Géminis puede ser indeciso, Libra tiende a sentarse a mirar desde la barrera y Acuario puede desentenderse de la situación.

Fuego

ARIES ✳ LEO ✳ SAGITARIO

Estos signos despiden calidez y energía y se caracterizan por una actitud positiva, una espontaneidad y un entusiasmo que pueden ser muy inspiradores y motivadores para los demás. La otra cara de la moneda es que Aries tiende a precipitarse, Leo puede necesitar ser el centro de atención y Sagitario puede tender a hablar mucho y actuar poco.

Tierra

TAURO ✳ VIRGO ✳ CAPRICORNIO

Estos signos se caracterizan por disfrutar de los placeres sensuales, como la comida y otras satisfacciones físicas, y les gusta tener los pies en el suelo, por lo que prefieren basar sus ideas en hechos. El inconveniente es que Tauro puede parecer testarudo, Virgo puede ser un tiquismiquis y Capricornio puede tender a un conservadurismo empedernido.

Agua

CÁNCER ✳ ESCORPIO ✳ PISCIS

Los signos de agua son muy sensibles al entorno, como el vaivén de la marea, y pueden ser muy perceptivos e intuitivos, a veces hasta niveles asombrosos, gracias a su sensibilidad. La otra cara de la moneda es que tienden a sentirse abrumados y Cáncer puede tender tanto a la tenacidad como a protegerse a sí mismo, Piscis parecerse a un camaleón en su manera de prestar atención y Escorpio ser impredecible e intenso.

Signos mutables, fijos y cardinales

Además de clasificarlos según los cuatro elementos, también podemos agrupar los signos en función de las tres maneras en las que sus energías pueden actuar o reaccionar. Así, las características específicas de cada signo adquieren más profundidad.

Cardinales

ARIES ✳ CÁNCER ✳ LIBRA ✳ CAPRICORNIO

Son signos de acción, con una energía que toma la iniciativa y hace que las cosas comiencen. Aries tiene la visión; Cáncer, la emoción; Libra, los contactos, y Capricornio, la estrategia.

Fijos

TAURO ✳ LEO ✳ ESCORPIO ✳ ACUARIO

Más lentos, pero también más tenaces, estos signos trabajan para desarrollar y mantener las iniciativas que han lanzado los signos cardinales. Tauro ofrece consuelo físico; Leo, lealtad; Escorpio, apoyo emocional, y Acuario, buenos consejos. Podemos confiar en los signos fijos, aunque tienden a resistirse al cambio.

Mutables

GÉMINIS ✳ VIRGO ✳ SAGITARIO ✳ PISCIS

Son signos capaces de amoldarse a ideas, lugares y personas nuevos, tienen una capacidad única para adaptarse a su entorno. Géminis tiene una gran agilidad mental; Virgo es práctico y versátil; Sagitario visualiza las posibilidades, y Piscis es sensible al cambio.

Las 12 casas

La carta astral se divide en 12 casas, que representan otras tantas áreas y funciones en la vida. Cuando nos dicen que tenemos algo en una casa específica, como por ejemplo Libra (equilibrio) en la quinta casa (creatividad y sexo), podemos interpretar de un modo determinado las influencias que pueden surgir y que son específicas a la forma en que podemos abordar ese aspecto de nuestra vida.

Cada casa se asocia a un signo solar y, por lo tanto, cada una representa algunas de las características de ese signo, del que decimos que es su regente natural.

Se considera que tres de estas casas son místicas y tienen que ver con nuestro mundo interior, o psíquico: la cuarta (hogar), la octava (muerte y regeneración) y la duodécima (secretos).

1.ª casa

LA IDENTIDAD

REGIDA POR ARIES

Esta casa simboliza la personalidad: tú, quién eres y cómo te representas, qué te gusta y qué no, y tu manera de entender la vida. También representa cómo te ves y lo que quieres de la vida.

2.ª casa

LOS RECURSOS

REGIDA POR TAURO

La segunda casa simboliza tus recursos personales, lo que posees, incluido el dinero, y cómo te ganas la vida y adquieres tus ingresos. También tu seguridad material y las cosas físicas que llevas contigo a medida que avanzas por la vida.

3.ª casa

LA COMUNICACIÓN

REGIDA POR GÉMINIS

Esta casa habla de la comunicación y de la actitud mental y, sobre todo, de cómo te expresas. También de cómo encajas en tu familia y de cómo te desplazas a la escuela o al trabajo e incluye cómo piensas, hablas, escribes y aprendes.

4.ª casa

EL HOGAR

REGIDA POR CÁNCER

Esta casa habla de tus
raíces, de tu hogar u hogares
presentes, pasados y futuros,
por lo que comprende tanto
tu infancia como tu situación
doméstica actual. También de
lo que el hogar y la seguridad
representan para ti.

5.ª casa

LA CREATIVIDAD

REGIDA POR LEO

Descrita como la casa de la creatividad
y del juego, también comprende el
sexo y se asocia al instinto creativo y a
la libido en todas sus manifestaciones.
También incluye la especulación en
las finanzas y el amor, los juegos, la
diversión y el afecto: todo lo referente
al corazón.

6.ª casa

LA SALUD

REGIDA POR VIRGO

Esta casa tiene que ver con la salud,
la física y la mental, y lo sólidas que
son: tanto las nuestras como las de las
personas a las que queremos, cuidamos
o apoyamos, desde familiares hasta
compañeros de trabajo.

7.ª casa

LAS RELACIONES

REGIDA POR LIBRA

Esta casa, opuesta a la primera, refleja los objetivos compartidos y las relaciones íntimas, tu elección de pareja y lo exitosas que pueden ser las relaciones. También refleja las asociaciones y los adversarios en tu mundo profesional.

8.ª casa

LA REGENERACIÓN Y LA MUERTE

REGIDA POR ESCORPIO

Entiende «muerte» como regeneración o transformación espiritual: esta casa también representa los legados y lo que heredas después de la muerte, tanto en rasgos de personalidad como materialmente hablando. Y como la regeneración necesita sexo, esta casa también es la del sexo y las emociones sexuales.

9.ª casa

LOS VIAJES

REGIDA POR SAGITARIO

Esta es la casa de los viajes a larga distancia y de la exploración, así como de la apertura de mente que el viaje puede traer consigo y de cómo se expresa. También refleja la difusión de ideas, que puede traducirse en esfuerzos literarios o de publicación.

11.ª casa

LAS AMISTADES

REGIDA POR ACUARIO

La undécima casa representa los grupos de amistades y de conocidos, la visión y las ideas. No trata de la gratificación inmediata, sino de los sueños a largo plazo y de cómo estos se pueden hacer realidad si somos capaces de trabajar en armonía con los demás.

12.ª casa

LOS SECRETOS

REGIDA POR PISCIS

Se la considera la casa más espiritual y es también la del inconsciente, los secretos y lo que puede estar oculto; es el metafórico esqueleto en el armario. También refleja las maneras encubiertas en que podemos sabotearnos a nosotros mismos y bloquear nuestro propio esfuerzo negándonos a explorarlo.

10.ª casa

LAS ASPIRACIONES

REGIDA POR CAPRICORNIO

Representa nuestras aspiraciones y nuestro estatus social, cuán arriba (o no) deseamos estar socialmente, nuestra vocación y nuestra imagen pública y lo que nos gustaría conseguir en la vida mediante nuestro propio esfuerzo.

El ascendente

El ascendente es el signo del Zodíaco que aparece en el horizonte justo al alba del día en que nacemos y depende del lugar y de la hora de nacimiento. Por eso, cuando hablamos de astrología resulta útil conocer la hora de nacimiento, porque el ascendente ofrece mucha información acerca de los aspectos de tu personalidad que son más evidentes, de cómo te presentas y de cómo te perciben los demás. Por lo tanto, aunque tu signo solar sea Sagitario, si tienes ascendente Cáncer es posible que se te perciba como a una persona con instinto maternal, con un compromiso significativo con la vida doméstica, en un sentido o en otro. Conocer tu ascendente (o el de otra persona) te puede ayudar a entender por qué da la impresión de que no hay una relación directa entre la personalidad y el signo solar.

Si sabes la hora y el lugar en que naciste, calcular el ascendente con una herramienta en línea o una aplicación es muy fácil (p. 108). Pregúntale a tu madre o a algún familiar o consulta tu partida de nacimiento. Si la carta astral fuera una esfera de reloj, el ascendente estaría en el 9.

El descendente

El descendente nos da una indicación de un posible compañero de vida, a partir de la idea de que los opuestos se atraen. Una vez conocido el ascendente, calcular el descendente es muy sencillo, porque siempre está a seis signos de distancia. Así, si tu ascendente es Virgo, tu descendente es Piscis. Si la carta astral fuera una esfera de reloj, el descendente estaría en el 3.

El medio cielo (MC)

La carta astral también indica la posición del medio cielo (del latín *medium coeli*), que refleja tu actitud hacia el trabajo, la carrera profesional y tu situación profesional. Si la carta astral fuera una esfera de reloj, el MC estaría en el 12.

El fondo de cielo (IC)

Para terminar, el fondo de cielo (o IC, por el latín *imum coeli*, que alude a la parte inferior del cielo), refleja tu actitud hacia el hogar y la familia y también tiene que ver con el final de tu vida. Tu IC está enfrente de tu MC. Por ejemplo, si tu MC es Acuario, tu IC será Leo. Si la carta astral fuera una esfera de reloj, el IC estaría en el 6.

El retorno de Saturno

Saturno es uno de los planetas más lentos y tarda unos 28 años en completar su órbita alrededor del Sol y regresar al lugar que ocupaba cuando naciste. Este regreso puede durar entre dos y tres años y es muy evidente en el periodo previo al trigésimo y el sexagésimo aniversarios, a los que acostumbramos a considerar cumpleaños importantes.

Como en ocasiones la energía de Saturno puede resultar muy exigente, no siempre son periodos fáciles en la vida. Saturno es un maestro sabio o un supervisor estricto y algunos consideran que el efecto de Saturno es «cruel para ser amable», al igual que los buenos maestros, y nos mantiene en el camino como un entrenador personal riguroso.

Cada uno experimenta el retorno de Saturno en función de sus circunstancias personales, pero es un buen momento para recapacitar, abandonar lo que ya no nos sirve y reconsiderar nuestras expectativas, al tiempo que asumimos con firmeza qué nos gustaría añadir a nuestra vida. Por lo tanto, si estás pasando, o a punto de pasar, por este evento vital, recíbelo con los brazos abiertos y aprovéchalo, porque lo que aprendas ahora (acerca de ti mismo, fundamentalmente) te será muy útil, por turbulento que pueda llegar a ser, y puede rendir dividendos en cómo gestionas tu vida durante los próximos 28 años.

La retrogradación de Mercurio

Incluso las personas a quienes la astrología no interesa demasiado se dan cuenta de cuándo Mercurio se encuentra retrógrado. Astrológicamente, la retrogradación es un periodo en el que los planetas están estacionarios pero, como nosotros seguimos avanzando, da la impresión de que retroceden. Antes y después de cada retrogradación hay un periodo de sombra en el que podríamos decir que Mercurio ralentiza o acelera su movimiento y que también puede ser turbulento. En términos generales, se aconseja no tomar ninguna decisión relativa a la comunicación durante una retrogradación y, si se acaba tomando, hay que tener en cuenta que es muy posible que no sea la definitiva.

Como Mercurio es el planeta de la comunicación, es fácil entender por qué preocupa su retrogradación y la relación de esta con los fracasos comunicativos (ya sean del tipo más tradicional, como cuando enviábamos una carta y se perdía, o la variedad más moderna, como cuando el ordenador se cuelga y nos causa problemas).

La retrogradación de Mercurio también puede afectar a los viajes, por ejemplo con retrasos en los vuelos o los trenes, atascos de tráfico o accidentes. Mercurio también influye en las comunicaciones personales –escuchar, hablar, ser escuchado (o no)– y puede provocar confusión y discusiones. También pude afectar a acuerdos más formales, como contratos de compraventa.

Estos periodos retrógrados ocurren tres o cuatro veces al año y duran unas tres semanas, con un periodo de sombra antes y después. En función de cuándo sucedan, coincidirán con un signo astrológico específico. Si, por ejemplo, ocurre entre el 25 de octubre y el 15 de noviembre, su efecto tendrá que ver con las características de Escorpio. Por otro lado, las personas cuyo signo solar sea Escorpio o que tengan a Escorpio en lugares importantes de su carta, experimentarán un efecto más intenso.

Es fácil encontrar las fechas de retrogradación de Mercurio en tablas astrológicas, o efemérides, y en línea: se pueden usar para evitar planificar en esas fechas eventos que se pudieran ver afectados. Para saber cómo la retrogradación de Mercurio te puede afectar más personalmente, necesitas conocer bien tu carta astral y entender las combinaciones más específicas de los signos y los planetas en la misma.

Si quieres superar con más tranquilidad una retrogradación de Mercurio, has de tener presente la probabilidad de que surjan problemas, así que, en lo posible, prevé que habrá algún retraso y comprueba los detalles un par de veces o tres. No pierdas la actitud positiva si algo que esperabas se pospone y entiende este periodo como una oportunidad para hacer una pausa, repasar y reconsiderar ideas tanto en tu vida personal como en la profesional. Aprovecha el tiempo para corregir errores o reajustar planes, para estar preparado cuando la energía se desbloquee y todo pueda fluir con más facilidad.

Agradecimientos

Quiero transmitir un agradecimiento especial a mi fiel equipo de Tauros. En primer lugar, a Kate Pollard, directora editorial, por su pasión por los libros maravillosos y por haber encargado esta colección. Y a Bex Fitzsimons, por su edición tan benévola como meticulosa. Y, finalmente, a Evi O. Studio, cuyo talento dibujando e ilustrando han producido estas pequeñas obras de arte. Con un equipo tan lleno de estrellas, estos libros no pueden más que brillar. Y os doy las gracias por eso.

Acerca de la autora

Stella Andromeda estudia astrología desde hace
más de treinta años y está convencida de la
utilidad de conocer las constelaciones celestes
y sus posibles interpretaciones psicológicas. La
traducción de sus estudios en libros ofrece una
visión moderna y accesible de la antigua sabiduría
de las estrellas, que transmite su firme convicción
de que la reflexión y el autoconocimiento
nos hacen más fuertes. Con su sol en Tauro,
ascendente Acuario y Luna en Cáncer, utiliza la
tierra, el aire y el agua para inspirar su
viaje astrológico personal.

La edición original de esta obra ha sido publicada en
el Reino Unido en 2019 por Hardie Grant Books, sello editorial
de Hardie Grant Publishing, con el título
Sagittarius: A Guide To Living Your Best Astrological Life

Traducción del inglés
Montserrat Asensio

Copyright © de la edición original, Hardie Grant Books, 2019
Copyright © del texto, Stella Andromeda, 2019
Copyright © de las ilustraciones, Evi O. Studio, 2019
Copyright © de la edición española, Cinco Tintas, S.L., 2020
Diagonal, 402 – 08037 Barcelona
www.cincotintas.com

Primera edición: febrero de 2020

Impreso en China
Depósito legal: B 24045-2019
Código Thema: VXFA1

ISBN 978-84-16407-79-8